Ye

21461

EPITRE DU DIABLE,

A Monsieur

DE VOLTAIRE,

COMTÉ DE TOURNAY,

PRÈS GENÊVE.

AUX DÉLICES.

1760.

ÉPITRE
DU DIABLE,
A M. DE VOLTAIRE.

ORGANE furibond de l'Ange de ténèbres,
Qui souffle dans ton cœur la rage de rimer,
Toi, dont les Ouvrages célèbres
Instruisent cent grimauds dans l'art de blasphémer,
Lieutenant des Enfers, & Diable à plus d'un titre,
Reçois, mon digne Ami, cette infernale Épître,
Mais garde-toi de la faire imprimer.
Tes Ouvrages divers, ton Cothurne, ta Lyre,
Tes fastes imposteurs nous ont plu tellement,
Que je t'en dois un compliment
Au nom des Grands de mon Empire,
Reconnoissant de bonne foi,
Qu'à trouver les moyens d'en étendre les bornes,
Tout Diable que je suis, je le suis moins que toi,
Et ne te passe que des cornes.

Je me louerai toujours de *Manès*, de *Socin*,
De l'Amant défroqué de la jeune de *Borre*,
Du zèle impétueux de Maître *Jean Calvin*,
Et des soins fortunés de tant d'autres encore,
Tous ennemis fougueux du Pontife Romain,
   Et de la Messe que j'abhorre :
   Mais en fait d'irréligion,
   D'extravagance, & de blasphême,
   Nul ne peut sans présomption,
   Te contester le rang suprême.
   Plusieurs de ces fiers ennemis
Qui disputoient les clefs aux Ministres fidèles,
  Des monumens du Peuple circoncis,
Ont respecté du moins les preuves immortelles :
De la Religion interprêtes rebelles,
Ils la défiguroient, mais tu l'anéantis.
   Bien est-il vrai que ton système
Est par fois un peu gauche, efflanqué, chancelant,
  Et que tel mot que tu crois un dilême,
   N'est qu'un sophisme impertinent ;
Mais dès qu'un Raisonneur est léger & brillant,
   Il a toujours assez de force :
Soit vertus, ou savoir dans le siècle présent,
  Le fond n'est rien, tout dépend de l'écorce.
Eh ! qui sait mieux que toi répandre en ses Ecrits
   L'illusion du coloris,
   Le vernis & la broderie ;
De traits sententieux saupoudrer son jargon,
Rajeunir des lambeaux de vieille friperie,

Ou faire un mets piquant de quelque rogaton ?
Annales & Philofophie,
Politique, Géométrie,
Morceaux Flamands, Britanniques, Germains,
Et bribes de Théologie
De Brachmanes, de Mandarins,
Du Congo, de l'Abyffinie,
Tout fe confond, tout eft accumulé,
Tout fermente, & bouillonne en ton cerveau brûlé.
Tu changes quand tu veux de forme & de nature,
Pyrrhon la nuit, & *Socrate* le jour,
Tantôt Rimeur fuivant la Cour,
Tantôt *Zénon*, & tantôt *Épicure*.
Tu peux chanter fur tous les tons,
(Sauf néanmoins fur le ton de Pindare)
Ta trompette ébauche des fons
Qui manquoient aux François pour l'épique fanfare.
Mais fi jamais Satan a dit la vérité,
Je foutiens que tes vers, chefs-d'œuvres de fcandale,
Auroient bien moins d'attrait & de célébrité,
Si tu ne les frappois fur l'enclume infernale,
Au bon coin de l'impiété.
Pour enlever tous les fuffrages,
Tu compris qu'il falloit, dans tes premiers Ouvrages,
Raffurer les Mondains, flatter tous les penchans,
Démolir, foudroyer, ou rendre ridicules
D'étranges vérités qui révoltent les fens,
Et de ta rage enfin armant les incrédules,
Japper contre Dieu-même, & mordre fes enfans.

Ainsi tu débutas en bravant le tonnerre;
Et soudain tes succès passèrent ton espoir :
Ton mérite forçoit mes Sages d'Angleterre,
 A te céder la palme du Savoir;
Ta main brisoit le joug d'un pénible devoir,
Tu réformois le monde, & grace à ton génie,
De la Religion l'injuste tyrannie
Perdoit dans tous les cœurs son antique pouvoir.
   Car en dépit de l'Ecriture,
   Et de la Foi de tous les tems,
   Celui qui régit la Nature,
Ce Dieu, l'espoir des bons, & l'effroi des méchans,
N'étoit plus, selon toi, qu'un Monarque en peinture,
   Tel que ces Princes paresseux,
Roitelets casaniers de vos fastes antiques,
   Qui dans les festins & les jeux,
 Buvoient l'oubli des misères publiques,
Et libres de tous soins ne vivoient que pour eux.
Ce Dieu de l'Univers, inutile pagode,
En laissoit le timon pour sommeiller en paix;
Et l'aveugle Destin réglant tout à sa mode,
   Étoit son *Maire du Palais*.
   Si ce frivole Titulaire
   Qui s'obstinoit à se cacher,
   Ne se mêloit d'aucune affaire,
   Si rien ne pouvoit le toucher,
   Pourquoi follement s'enticher
   De l'espérance de lui plaire,
   Ou de la peur de le fâcher ?

Sans équité, sans bonté, sans clémence,
Que faisoit aux Mortels son oisive puissance,
  Et devoient-ils la réclamer ?
C'étoit déja beaucoup de ne point entamer
   Son domaine, & son existence ;
  Mais le servir, mais le craindre & l'aimer,
   C'étoit outrer la complaisance.
De-là, suivant le fil d'un si bel argument,
L'esprit émancipé sautoit légèrement
   De conséquence en conséquence :
Le cœur trouvoit par-tout un encouragement ;
Un champ vaste & fécond s'ouvroit à la licence.
On pouvoit au besoin fourber adroitement,
  Se parjurer, trahir la confiance,
De Naboth écrasé dévorer la substance ;
  Piller la veuve, opprimer l'orphelin ;
Pour cent Tendrons formés aux ébats de Cythère,
Tapisser des Serrails en brocard, en satin,
En tableaux de Boucher, en vernis de Martin ;
Et pour l'infortuné qu'assiége la misère,
Avoir un cœur d'acier, des entrailles d'airain,
  L'ame d'un Diable, ou l'ame de V....
Le luxe devenoit l'éternel instrument
   Du pouvoir & de l'abondance,
   La débauche un délassement,
   La mollesse une bienséance.
Et qu'étoit la vertu, qu'un ridicule effort,
Qu'un pitoyable objet d'orgueil & de folie,
   Sans récompense après la mort,
   Et sans profit pendant la vie ?

Infenfé le mortel ennemi de fes jours,
Qui fans refpect du tems fi rapide en fon cours,
   Semoit d'épines fon paffage,
Et qui dans la faifon des ris & des amours,
Libre d'en profiter, en dédaignoit l'ufage.
Ainfi donc l'on devoit, fans craindre l'avenir,
N'avoir plus d'autre loi que la loi du plaifir,
   Suivant fa pente & fa méthode;
Tout fembloit arbitraire, innocent & permis,
   Et rien n'étoit, à mon avis,
   Si confolant, ni fi commode.
Auffi de ta doctrine on reconnut le prix,
Si bien que dans Berlin, dans Londres, dans Paris,
   Tes merveilleufes rapfodies
Te firent proclamer, par tous nos beaux efprits,
   Le Patriarche des Impies,
Des loix de Jéhova fuperbes ennemis,
Et fléaux de quiconque ofe croire en fon fils.
Ce choix fut confirmé chez nous en plein chapitre,
Et tu n'as pas depuis démenti ce beau titre :
Parmi ces Ecrivains conjurés contre Dieu,
Tu fçus te diftinguer en tout tems, en tout lieu,
   Comme leur chef & leur modèle;
   Et j'en fuis bien reconnoiffant,
   Car mon domaine floriffant
S'eft accru de moitié chez la race mortelle.
   Sur-tout le climat des Badauds
  Sera dans peu mon plus noble héritage :
  Ses habitans font un peuple volage,
Qui fait le mieux gober tes préceptes moraux,

          A

À l'hameçon du beau langage.
Tous ces Roquets de l'Hélicon,
Que fait hurler la *Tragicomanie*,
Facteur, Clerc, ou Commis, Petit-maître, & Poupon
En manteau court, en rabat de linon,
De tes dogmes fameux ont la tête farcie ;
Du bel-esprit tous prennent l'écusson,
En professant la doctrine chérie.
L'un croit le culte indifférent,
Et confond le Bramin avec le Catholique,
Et l'autre l'abandonne au vulgaire ignorant
Comme une vaine & frivole pratique.
Ici, c'est un Réformateur
Qui blâme certains rits du sacré Ministère,
Qui dogmatise avec fureur
Contre la foi d'un antique Mystère,
Et d'un pénible aveu dispense le pécheur.
Puis contrôlant la richesse des Moines,
La pompe des Prélats, la table des Chanoines,
Et taxant le Clergé de mille autres abus,
Dit que, pour appaiser tant de vives alarmes,
Il faudroit marier tous vos jeunes reclus,
Capucins, Récollets, Jacobins, & grands Carmes.
Là, c'est un Esprit-fort, ou lascif ou glouton,
Qui pour analyser la nature de l'ame,
Vous soutient que l'étui vaut autant que la lame,
Et la fait dépérir, ou croître à l'unisson,
Avec l'ame d'une huître, ou d'un colimaçon.
Voilà quel est le catéchisme

B

De tes difciples à Paris :
J'avois befoin de tes Écrits,
Pour y couler à fond la barque du Papifme.
Depuis trente ans que tes travaux
Ont fertilifé ce rivage,
Je vois de jour en jour qu'il enfle mes impôts,
Et me rapporte davantage.
Il m'en vient chaque mois de friands maniveaux
De réprouvés de tout étage,
Dûement bardés de péchés capitaux.
De gros Richards calcinés de luxure,
Ou gangrénés d'avarice & d'ufure,
Des Fripons, des Coquins de toutes les couleurs,
Des Intrigans, & des Appareilleurs......
Eh ! que ne dois-je pas à l'excès de ton zèle,
Pour feconder mes généreux deffeins,
En fuivant la trace fidelle
Des Bayles & des Arétins ?
Ton *Uranie* eft une œuvre immortelle ;
Ta *Religion naturelle*
Obfcurcit à jamais les plus fiers Écrivains.
Je voudrois en être le père,
Ainfi que de l'Epître agréable & légère,
Où brille l'antithèfe & l'étrange conflit
De la Grace de Jefus-Chrift,
Avec les trois Graces d'Homère.
Mais le prodige du favoir,
C'eft ta *Pucelle* incomparable.
Il ne nous manquoit plus que ce livre admirable ;

Pour confommer ta gloire, & combler mon efpoir.
Que de rians tableaux! que de jolis blafphêmes!
Oh! que tu dois t'en applaudir!
Ton efprit y furpaffe, il en faut convenir,
Nos intelligences fuprêmes.
Je défierois tous les Enfers,
Le Diable le plus docte en cynique peinture,
De forger en dix ans un écrit fi pervers,
Si fertile en fcandale, & fi riche en ordure.
Lorfque tu publias ce volume charmant;
Ce modèle parfait de rimes diffolues,
J'en eus tant de plaifir & de contentement,
Que trois ou quatre fois j'épiai le moment
De te haper, en planant dans les nues.
Je brûlois de payer tant d'utiles forfaits
Dans cette demeure profonde;
Mais j'ai fenti que, pour mes intérêts,
Il valoit mieux encor te laiffer dans le monde,
Où tu fervois l'Enfer avec tant de fuccès.
Et bien me fâche que ta courfe
Panche fi fort vers ces gouffres brûlans;
Je prévois trop quelle reffource
Je vais perdre chez les vivans.
Mais après tout je m'en confole;
Quand tu feras dans nos cantons,
Toutes les claffes des Démons
Iront s'inftruire à ton école,
Et profiter de tes leçons.
Je te puis affurer, foi d'Archange rebelle,

Que tu feras le bien-venu,
Et dignement fêté dans le rang qui t'eſt dû,
Parmi les Citoyens de la braiſe éternelle.
Eh! quel régal pour toi de trouver en ce lieu
  Toute la clique de tes Sages,
D'entendre & d'admirer ces ennemis de Dieu
   Vantés par-tout dans tes Ouvrages!
  Puis un eſſain de Filles à talens,
Qui charmoient à ſouper, & brilloient ſur la ſcène,
  De ces *Filles de Melpomène*,
   Qui trafiquent de leur printems,
Se hâtant de venir dans mon ſombre Royaume,
  Malgré *Keyſer*, le mercure & ſaint Côme.
   Puis l'adorable *le Couvreur*,
   Cette Déeſſe poulinière,
Qui reçut de tes mains l'encens le plus flatteur,
Tandis que des Bigots lui refuſoient l'honneur
De la laiſſer pourrir au coin d'un cimetière.
  Ces doux objets dont le geſte animé,
Le récit pathétique, & l'accent plein de charmes,
Aux Badauds attendris faiſoient verſer des larmes,
Brûlent *de plus de feu qu'ils n'en ont allumé*,
Et rendent mieux chez nous les tragiques alarmes.
   Quand tu viendras dans ce ſéjour,
Je veux qu'avec éclat, pour chommer ce grand jour,
   Notre allégreſſe ſe déploie;
Ce ne ſera que bals & feſtins à ma Cour;
Tous les feux de l'Enfer ſeront des feux de joie.
Dès long-tems mon Fourrier t'y prépare un Hôtel

Un peu plus chaud que celui *des Délices*,
Tout à côté du repaire éternel,
Où logent *Vanini*, *Toland*, & leurs Complices.
Là, tu pourras promener tes caprices,
Et contempler au loin des lacs étincelans,
Des fleuves orageux, des rochers fulminans,
Flanqués de vastes précipices,
Et de cent gouffres mugissans.
Ce *Belvédèr* de l'infernale rive,
Pour amuser un Ecrivain,
Vaut bien la froide perspective
De la ville & du lac des enfans de *Calvin*.
Et si la soif de l'or te suit jusqu'au Ténare,
Tu l'y verras couler au gré de ton desir :
Mammon l'affine & le prépare,
Et fusses-tu l'ombre la plus avare,
Il aura de quoi t'assouvir.
En attendant, cher Ami, je t'invite
A maintenir ton cœur endurci dans le mal,
Sans jamais réfléchir sur le terme fatal,
Où ton déclin se précipite.
Souviens-toi qu'au mépris du vulgaire Chrétien,
Un Savant épuré de crainte & d'espérance,
Comme *Épicure* ou *Lucien*,
Tient son rang jusqu'au bout, & doit par bienséance
Vivre en Athée, & mourir comme un chien.
Il est beau d'affronter le péril à ton âge,
Tel qu'un nocher audacieux,
Que la foudre environne, & qui brave les Cieux
En blasphémant dans le naufrage.

Ne va pas imiter ce poltron de Normand,
  Qui, par forme de teſtament,
Touché de repentir de ſon goût pour la ſcène,
Rima tout *Akempis*, indigne monument !
 Ni ce *Ruffus*, vil objet de ta haine,
Qui redouta l'Enfer, & finit ſaintement,
  Ni ce bénêt de *la Fontaine*,
  Qui mourut auſſi lâchement.
 Eh ! que diroient les bandes interdites
De ces enfans perdus qui volent ſur tes pas,
Si leur vieux Général, aux portes du trépas,
Flétriſſoit ſes lauriers par des craintes ſubites ?
 Tu ſens quel coup cela me porteroit !
  Bientôt chacun s'alarmeroit,
  Car la crainte ſe communique,
  Et mon rival triompheroit
  Dans le parti philoſophique.
 D'ailleurs comment te réconcilier
 Avec ce Dieu d'éternelle vengeance ?
  Pourrois-tu lui faire oublier,
  Par dix mille ans de pénitence,
Tant d'Ecrits ſcandaleux qu'on t'a vu publier,
  Tant d'outrages & de licence ?
Mais s'il t'invite à la réſipiſcence,
Et quoiqu'il faſſe encor pour t'y déterminer,
Crois-moi, réſiſte-lui, dérobe à ſa clémence
  La gloire de te pardonner.
 Soit qu'il t'appelle, ou qu'il tonne & menace,
Ranime ta vertu, redouble tes efforts ;
 Munis ton cœur d'une triple cuiraſſe,

Contre l'aiguillon du remors,
Ou contre l'attrait de la Grace.
Mais le plus sûr, tu le sens bien,
Est de rester où le sort te confine.
Là, tu pourras toujours, du culte Ausonien,
Fronder impunément l'imbécile doctrine.
Ton nom illustrera ces plaines, ces côteaux :
On dira dans cent ans : » Ce paisible héritage
» Fut autrefois la retraite d'un Sage,
» Qui toujours contre Dieu combattit en Héros,
» Et par un coup du sort jetté sur le rivage,
» Pour aggrandir le Diable, y tint ses arsenaux.
On ira contempler cet helvétique asyle
De l'Oracle des Ecrivains,
Comme on alloit à *Cume*, aux antres souterreins,
Fameux par les trépieds d'une antique Sibylle,
Ou comme on visitoit, aux bords Napolitains,
L'auguste reposoir des cendres de Virgile.
Cependant laisse dire aux lâches ennemis,
Qui vont te relancer jusqu'en ton hermitage,
Que la rouille des ans émousse tes esprits,
Que tes talens enfin usés & décrépits
S'écroulent chaque jour sous les glaces de l'âge.
Dédaigne d'écraser ces insectes poudreux :
Et s'ils trouvent encor dans tes Livres fameux,
Soit plagiat, soit blasphême, ou sophisme,
Oppose à leur audace un mépris généreux,
Sans plus crier au fanatisme.
Qu'ils sachent ces cuistres jaloux,
Ces lourdauds empâtés d'orgueil & d'ignorance,

Qu'ils doivent humblement ramper à tes genoux,
Te craindre, t'admirer, & garder le silence;
Et que qui réunit tant de genres divers,
   Un si profond & si vaste génie,
   L'arbitre enfin de l'harmonie,
Maître de ses écarts, libre dans ses travers,
Est fait pour régenter le Pinde & l'Univers.
Poursuis donc, sans mollir, tes travaux mémorables,
Prodigue en forcené le mensonge & les fables:
Frappe, confonds, détruis, & renverse à la fois
La Morale du *Christ*, ses Temples & ses Loix:
Que l'Enfer s'en étonne, & qu'enfin tous les Diables
Rugissent de plaisir au bruit de tes exploits.

www.ingramcontent.com/pod-product-compliance
Lightning Source LLC
Chambersburg PA
CBHW071448060426
42450CB00009BA/2341